1

Norbert-Bertrand Barbe

MÉTALANGAGE ET DISCOURS DE DOMINATION DANS LA CULTURE ET LA POLITIQUE POSTMODERNES: ÉTUDE DE LA QUESTION MÉTATHÉORIQUE À PARTIR DES CRITIQUES NON OCCIDENTALES ET LACANIENNE DE LA PENSÉE POSTMODERNE

La postmodernité occidentale tente, nous semble-t-il, un essai de ré-appropriation épistémologique de son propre discours dans l'espace et le temps, favorisé en partie par l'insistance du formalisme dominant sur les catégories différentielles comme élément fondateur de son champ d'analyse, au détriment d'un véritable questionnement sur les fondements de la pratique d'investigation. Ce qui, paradoxalement, en première lecture, engendre une grande facilité à dénier toute validité aux mécanismes d'approche scientifique, à cause justement de cette foi quelque peu aveugle en l'universalité intemporelle des concepts préétablis par la tradition. Ceci explique que le choix de la postmodernité occidentale s'est porté plus sur la critique des formes du discours que sur une véritable remise en question des postulats *a priori* de l'exégèse.

Un tel phénomène est sans doute plus sensible si on le considère du point de vue de l'analyse des productions symboliques, qui sera au centre de notre intérêt. Cette prégnance des catégories *a priori* est en effet cause du vide sémantique de l'exégèse face aux productions de l'art contemporain. Le hiatus sur la vide de sens des oeuvres abstraites (théories de l'intentionnalité par Schapiro et du spectateur *"co-créateur"* par Umberto Eco, critique d'Adorno à Wagner, ou de Barthes aux *"mythologies"* populaires) exprime moins le vide sémantique des oeuvres elle-mêmes que l'impossibilité de les dire. Deux considérations parallèles le prouvent: d'une part le fait que, comme peut facilement le confirmer la psychanalyse des rêves freudienne ou celle, jungienne, qui s'intéresse à la survivance de la mémoire collective, l'oeuvre abstraite est un ensemble formé de motifs sans liens directs entre eux, mais tous révélateurs de la mentalité idiosyncrasique de l'artiste, de ses pulsions et de ses croyances. Ainsi, si les thèmes deviennent bien "indiciels" dans l'art abstrait, les motifs en tant qu'unités minimales de sens, c'est-à-dire éléments insécables du sens, restent conventionnels. Leur rapport désignant ou, pour mieux dire, dénotant ce que veut dire l'oeuvre. Les peintures de Pierre Roy, clairement construites sur le modèle des emblèmes classiques nous en fournissent la preuve irréfutable. D'autre part, le vide, problème qu'il serait certes inconcevable de ne pas aborder pour parler de l'art contemporain (puisque celui-ci en rejetant les thèmes classiques impose forcément une lecture plus active de la part du spectateur en coupant les liens de sens qui habituellement tissaient la relation préétablie entre l'objet représenté par l'artiste et le sens que pouvait lui assigné, directement, le spectateur, en fonction de la symbolique que chaque thème revêtit au gré des époques), le vide donc correspond très précisément à l'espace laissé libre par l'artiste lorsqu'il coupe le cordon ombilical qui auparavant le reliait au spectateur dans l'ordre de la représentation classique. Or qu'est-ce que ce cordon ombilical, ce fil d'Ariane si puissant qu'il semble ne pouvoir être coupé sans mettre en péril la compréhension social de l'art comme production mentale, c'est-à-dire relevant d'un sens fort, sinon le caractère conventionnel même des thèmes communément représentés par l'oeuvre figurative?

Ainsi, comme nous allons le voir dans les paragraphes qui suivent, le mécanisme épistémologique qui consiste à accepter aveuglément les catégories différentielles préétablies, et, dans le cas où celles-ci se révèlent insuffisantes, voire erronées, à préférer nier la réalité du monde extérieur plutôt que de reconnaître la fausseté des principes émis par nos pairs, peut être comparé à celui, de propagande nationaliste, de ce qu'il est convenu d'appeler l'unité dans la différence (G. Bruno, Alejandro Serrano Caldera). Appliqué originellement au champ géographique des régions d'un même pays, ce concept s'est amplifié au champ du discours d'intégration des pays d'une même alliance (union latino-américaine, européenne). Il s'applique parfaitement ici, dans le sens où les multiplicités d'interprétation possibles d'un même phénomène (Berkeley, Ecole d'Oxford, Eco) semble, pour les tenants de l'intelligentsia officielle, être validées par la tradition (phénoméniste notamment), et s'expliquer ainsi, encore une fois *a priori*, comme caractère normal de "ce qui se donne à voir" pour le subjectivisme rationnel de la pensée scientifique contemporaine.

Il existe principalement trois types d'espaces qui définissent ce que l'on nomme le "champ" des sciences humaines. Un champ historique, celui de leur construction dans le temps; un champ géographique, celui de leur développement dans l'espace; un champ enfin épistémologique, qui définit en la limitant la portée de leur analyse, voire même qui définit la limite de la portée de chacune par rapport aux autres.

On s'en rend tout de suite compte, ces trois champs sont par essence normatifs. Jusque dans la première moitié du XXème siècle, ces "espaces" d'écriture et d'analyse des sciences humaines, tendaient ambitieusement à l'interdisciplinarité la plus totale, s'inspirant d'une méthode commune, bien qu'en limitant le champ de chacune. Cette méthode comparatiste au sens le plus large, essentiellement statistique (de compilation et de comparaison des données) exprimait à la fois une recherche épistémologique active et une foi inébranlable en l'unité positive de la Raison cartésienne et kantienne. Cependant, au tournant du siècle, les intellectuels des peuples non occidentaux, dont, comme le rappelle le grand philosophe mexicain Leopoldo Zea, l'humanité avait jusque là toujours été remise en cause, mirent en doute, comme avant eux Georg Büchner (dans sa thèse sur Descartes) et même Hegel (dans *Croire et Savoir*), l'objectivité non questionnable de la pensée occidentale. Leur apport aux sciences humaines est en ceci notable qu'ils y ont réintroduit, par contrecoup, la définition popperienne, propre aux sciences exactes, de la vérificabilité d'un phénomène, non plus de manière positive ("je pense, donc je suis"), mais négative ("quelles sont mes conditions d'être?").

La question épistémologique se retourna donc contre elle-même, en s'interrogeant sur la possibilité d'existence des concepts subjectifs purs dans la réalité (principe du "*nihil negativum*" kantien), contre leur simple auto-affirmation subjective ("*cogito ergo sum*"). Face à la remise en question des présupposés à prétention modélisatrice et universalisante de la pensée occidentale (notamment donc du "*cogito ergo sum*" et de l'idéalisme rationnel néo-kantien) par les intellectuels, philosophes, psychologues et sémiologues, non occidentaux, à partir du boum des guerres d'indépendance du XXème siècle, les théoriciens occidentaux ont imaginé un double moyen de revaloriser leur propre discours:

tout d'abord, à travers l'intérêt accru pour les mouvements sociaux et politiques non occidentaux, prôné au niveau universitaire notamment par Marcuse et l'Ecole de Francfort (ce qui inclue l'invention de la "*Culture de la Paix*", ainsi que d'Universités de la Paix dans toute l'Europe dont la fonction principale est de recevoir et d'éduquer les intellectuels des pays en guerre); ensuite, par la mise en place d'un système épistémologique à tiroir dans lequel la distinction entre langage et métalangage se complexifie d'un terme supplémentaire, la métathéorie, lequel, en renvoyant l'ordre des discours dans son ensemble dans le champ de la nécessité historique, confond opportunément la formation historique du discours scientifique en tant qu'il dépend des mythologies d'une époque, et le processus d'objectivation scientifique qui, au contraire, correspond à une "*prétention à l'universalité*" (Arturo Andrés Roig), c'est-à-dire à une "démythologisation" (Cassirer, Curtius, Panofsky).

La spécificité de la postmodernité occidentale est donc bien d'avoir cherché à abolir les divisions, pourtant largement satisfaisantes, russellienne entre langage-objet et métalangage ou althusserienne entre idéologie et idéologie scientifique, en confondant plus ou moins consciemment liens intertextuels et métalangagiers, proposant ainsi communément de voir dans les textes critiques des artistes une prétention analysante, là où, au mieux, l'on a affaire à une simple opinion privée de la nécessaire prétention à l'universalité comme principe d'objectivation (au sens marxiste du terme) de la pensée, et, au pire, à un phénomène d'intertextualité.

Comme on le voit, c'est donc par sa définition socio-politique même, aux trois champs précédemment définis, historique (question du pouvoir idéologique des pays dominants sur les pays dominés, et de la perte de ce même pouvoir), géographique (opposition science occidentale-science non occidentale), et épistémologique (définition de la validité et, par conséquent, de la portée extensive de l'objectivité ou de la non objectivité du champ d'analyse - ce qui se rapporte bien, comme nous l'avons dit, au principe d'unité dans la différence -), que la postmodemité occidentale va s'attaquer.

Nous mettrons donc au centre de notre analyse cette réécriture, volontairement idéaliste, de l'histoire (encore une fois typique de la postmodernité occidentale, et aux postulats notablement opposés à ceux, matérialistes, de la postmodernité non occidentale, voir à ce propos l'ouvrage de Cerutti sur La philosophie de la libération latino-américaine). Réécriture de l'histoire qui ouvre un nouveau combat, idéologique (et donc épistémologique) plus ouvertement que militaire, face au péril de la fin de la domination occidentale sur le monde après la fin des colonies dans la seconde moitié du XXème siècle. Le terme même de postmodernité, inventé par les français et les états-uniens exprime cette nouvelle dichotomie (précisément profondément ahistorique pour l'historien de la fin du XXème siècle, habitué à considérer les XIXème-XXème siècles, avec leur lot de mutations industrielles, politiques et sociales, comme "l'époque contemporaine"), entre une modernité globale, qui va de Marco Polo à la fin des colonies, et une postmodernité plus que toute récente.

Le travail suivant ne prétend pas aborder la question métatextuelle au niveau purement linguistique, sinon de manière interdisciplinaire dans une perspective mythanalytique comme expression des préoccupations d'une époque. Ainsi l'aborderons-nous d'abord du point de vue historique, puis sémiotique, pour enfin aboutir à une étude de ses implications idéologiques, qui nous intéressent le plus. Nous chercherons à montrer ainsi comment un problème, en réalité résolu de manière satisfaisante depuis longtemps par les néopositivistes: celui de la relation entre texte et métatexte, théorie et métathéorie, en acquérant un statut particulier, dû aux circonstances socio-historiques dans lesquels il germe déjà dans les années 50-60 pour exploser dans les années 80-90, nous permet de comprendre l'évolution des conceptions littéraires des deux derniers siècles comme conséquence logique des réalités contemporaines[1], en nous expliquant et nous révélant les mythologies sociales qui effectivement compromettent notre discours, tissant un réseau de correspondances et implications. Pour cela nous proposerons, en

---

[1]Dans le sens historique de ce terme, qui englobe le XIXème siècle et le XXème siècle.

assumant l'arbitraire des exemples choisis comme expression de notre expérience personnelle, de nous attarder plus particulièrement sur l'étude des oeuvres du jeune peintre nicaraguayen Oscar Rivas, et du recueil de nouvelles *Blanco en Azul* (1929) de Azorin, l'un des plus importants représentants de la génération du 98 espagnol.

Depuis quelques années la question de la relation entre texte et métatexte a pris une soudaine vigueur. De sujet à vrai dire assez marginal elle est devenue le centre de préoccupation des intellectuels de ce qu'il est commun d'appeler aujourd'hui la "postmodernité". Cela s'explique croyons-nous au niveau historique par la nécessité qu'a eu le "Premier Monde" de valider de nouveau les postulats de son propre discours qui, critiqués par les penseurs et philosophes non occidentaux, paraissaient perdre le caractère d'évidence qu'ils avaient jusque là revêtu[2]. Ainsi la position cartésienne du "*cogito ergo sum*", qui comme le rappelait déjà Georg Büchner présuppose tant au niveau syntaxique de la construction de la phrase comme au niveau conceptuel la préexistence de

---

[2] Il est sans doute compliqué de proposer une bibliographie complète sur le sujet, néanmoins en tant qu'approches récentes et qui proposent une vision d'ensemble du problème il nous semble possible de renvoyer, encore une fois sans prétention d'exhaustivité, aux travaux de Patrick Tort et Paul Désalmand, *Sciences humaines et philosophie en Afrique - La différence culturelle*, Paris, Hatier, 1978; Arturo Andrés Roig, *Teoría y crítica del pensamiento latinoamericano*, México, Fondo de Cultura Económica, 1981; du même auteur: *Rostro y filosofía de América Latina*, Mendoza (Argentine), EDIUNC, 1993. Qu'il nous soit permis également de préciser que nous même avons développé ces problèmes dans un essai intitulé *Arturo Andrés Roig y el problema epistemológico*, Managua, Universidad Nacional Autónoma de Nicaragua (UNAN), 1998, ainsi que dans les articles suivants publiés dans *El Nuevo Diario* (Managua): "*El problema de la praxis en la filosofía latinoamericana*", 23/11/1998, p. 11, et "*Leopoldo Zea y la crítica francesa: juegos discursivos y de poder*", 5/12/1998, p. 10.

l'essence à l'être[3], c'est-à-dire du mode de pensée arbitraire de l'être en soi sur la réalité[4], se trouva-t-elle dénoncée comme expression arbitraire d'une subjectivité conceptuelle servant les intérêts sociaux et politiques de l'homme blanc dans ce qui était auparavant ses "colonies"[5]. Une fois invalidé le discours officiel de l'*intelligentsia* occidentale, celle-ci se trouva en quelque sorte sommée de répondre à l'appel. La forme la plus directe à l'époque fut nous semble-t-il l'anxieuse et répétée injonction que Marcuse lança aux étudiants du

---

[3] Georg Büchner, *Sur Descartes*, thèse reproduite pp. 359-441 de ses *OEuvres complètes - inédits et lettres*, Paris, Seuil, 1988.

[4] Ce qui aboutira aux théories de Hegel et Heidegger.

[5] Là aussi la bibliographie est importante. Pour ne pas allonger notre corpus et faute d'avoir à la main les références exactes, nous renverrons aux ouvrages précités de Roig, ainsi qu'à la somme de Tort et Désalmand, en sachant bien toutefois que des auteurs comme Zea, Fanon ou Césaire ont touché le thème, ne serait-ce que de manière détournée.

"Premier Monde" de s'intéresser en premier lieu aux mouvements indépendantistes du Tiers-Monde. Ce qui, pour l'aujourd'hui fleurissante Ecole de Francfort, se doublait à l'époque d'un autre intérêt: revisiter Marx au travers de Hegel. Curieuse entreprise de retour dans le temps qui ne saurait s'expliquer, Marx n'ayant jamais nié son intérêt pour Hegel (afin de mieux le critiquer), que par et dans ce contexte très précis qui était ne l'oublions pas celui de la guerre froide.

Parallèlement les mouvements beatniks, hippies, etc., avec l'arrivée de la crise économique et les mouvements de libérations sociales, des noirs, des femmes, etc., dans le sein même des pays occidentaux des années 60-70, favorisèrent sans nul doute cette révision des doctrines établies, dont le point culminant dans les années 80-90 fut la fin de la guerre froide puis de l'U.R.S.S.

C'est ainsi que, reprenant les thèses des formalistes russes[6], qui supposaient la séparation entre la forme de l'énoncé et son contenu, celui-ci n'ayant de place que dans le cas d'énoncés "rhétoriques" (c'est-à-dire en réalité dans les oeuvres poétiques ou narratives), Julia Kristeva par exemple en arrive-t-elle à considérer, à l'instar de Eco, la sémiotique comme un "*levier*" qui marque la séparation entre "l'objet" (ou forme de l'énoncé) et "le sujet" (ou sens de l'énoncé), ce dernier ne pouvant prétendre à aucune systématisation de son expérience, puisque la "*gnoséologie matérialiste*" de la

---

[6]Par ailleurs critiquées par Medvedev.

"*sémanalyse*" ne traite que "*les pratiques*" et non "*les structures sémiotiques*". Elle écrit ainsi:

"*La sémanalyse dont le projet est donc, avant tout critique, ne se construira pas comme un édifice terminé, "encyclopédie général des structures sémiotiques", et encore moins comme le dernier sommet, le "métalangage" "final" et "saturé" d'une imbrication de langages, dont chacun prend l'autre comme "plan de contenu". Si telle est l'intention de la "métasémiologie" de Hjelmslev, la sémanalyse au contraire déchire la neutralité secrète du métalangage supra-concret et super-logique, et désigne "aux langages" leurs opérations pour leur assigner le sujet et l'histoire. Ainsi loin de partager l'enthousiasme de la "glosématique" qui a marqué la belle époque de la Raison Systématique persuadée de l'universalité de ses opérations transcendantales, la sémanalyse se ressent de la brisure freudienne et, à un autre plan, marxiste, du sujet et de son discours, et sans proposer un système universel et fermé, formalise pour déconstruire."*[7]

Deux éléments nous paraissent notables dans cet extrait: l'insistance à ne pas former de systèmes, qui se justifie contre la

---

[7] Citée par Jorge Benítez Barreto, "*Los estudios semióticos en la UNAN-Managua (Segunda Parte)*", *Cátedra*, Managua, UNAN, No 2, janvier-mars 1992, pp. 64-65. N'ayant malheureusement pas plus les références exactes du texte de Kristeva cité, nous nous sommes permis, au risque de paraître iconoclastes, de traduire l'extrait, originellement en français, de la traduction espagnole, reproduite par Benítez Barreto de qui nous l'avions reprise dans *Arturo Andrés Roig y el problema epistemológico*, p. 23. Nous nous recommandons donc en cela du Faust de Goethe où le maître allemand nous autorise à utiliser l'idée plus qu'à nous arrêter au mot. Ce qui par ailleurs s'intègre parfaitement à notre propos.

"*transcendanc*(e)" des sujets; et la référence au marxisme. Eléments qui viennent donc confirmer notre interprétation historique de l'intérêt pour les questions métalinguistiques.

Cette peur des systèmes soutenue par un puissant formalisme est évident dans la définition du structuralisme par Hubert Damisch[8], quand curieusement il le compare à la colonne vitruvienne, réduisant le principe d'analyse verticale définie par Lévi-Strauss à l'étude de structures formelles, là où autant Lévi-Strauss que Barthes par exemple ne pensent jamais qu'aux structures sémiologiques des productions symboliques. Pourtant le néo-barthésianisme avoué de

---

[8]*Encyclopaedia Universalis*, éd. de 1968, t. 15, pp; 440-442.

Damisch[9] nous permet de comprendre les mécanismes qui ont permis l'incompréhension du système barthésien par ses propres disciples. En effet, là où Barthes a été le premier a systématiser en sémiologie la méthode néo-kantienne[10] de "testificabilité" ou "négativabilité"[11] (vérification par élimination) proposée en philosophie par Karl Popper[12], ses

[9] Cf. par exemple sa confuse étude du *Déjeuner sur l'herbe* dans *Le jugement de Pâris*, Paris, Flammarion, 1992.

[10] On sait qu'une des bases de la philosophie kantienne est partir du concept de "*nihil*" pour définir le champ d'application de la science, voir à ce sujet le célèbre livre de Ernesto Mayz Vallenilla, *El problema de la nada en Kant*, Caracas (Venezuela), Monte Avila, 1992.

[11] Ceci est particulièrement évident si l'on compare les thèses de Barthes à l'intérêt sociologique marqué de Lévi-Strauss pour le passage des actes de nature aux actes de culture, notamment à travers l'exemple de l'inceste.

[12] Qui lui même s'inspirait des opinions du *Novum Organum* de Bacon. C'est en quelque sorte à ce même principe de "testificabilité" que fait référence Medaware dans ses très concis *Conseils à un jeune scientifique*, à la manière de Vauvenargues ou de Rainer-Maria Rilke, dans lesquels il dit à son jeune lecteur et disciple

disciples comme Damisch ou Todorov dans *L'éloge du quotidien* se sont dédiés non à comprendre la naissance du sens à partir de son "degré zéro", mais plus simplement à en étudier l'*absence*[13].

Le problème du métalangage engage en fait beaucoup plus qu'une simple question d'analyse littéraire. Elle est la réponse politique et culturelle du discours occidental remis en question par les discours non occidentaux. Ainsi, pendant que Eco dès 1962 avec *L'OEuvre ouverte* propose une lecture polysémique des oeuvres dans laquelle s'opposent deux subjectivités[14]: celle de l'artiste et

imaginaire que la science ne progresse pas seulement grâce aux expériences réussies, mais aussi, pour le moins à part égale, grâce aux échecs reconnus.

[13] Cf. N.-B. Barbe, *Roland Barthes et la théorie esthétique*, Villeneuve d'Ascq, Presses Universitaires du Septentrion, 1997.

[14] Selon l'heureux mot de Hegel dans sa critique des

celle du spectateur ou lecteur, incapables jamais de se rencontrer parce que navigant chacune dans des mondes de réalités parallèles[15], et que plus généralement les penseurs et philosophes de la nouvelle postmodernité[16] en viennent à dénier la validité de tout discours, ce qui au fond n'est qu'une manière subtile pour le sujet de se réintroduire dans son propre discours en l'autojustifiant par le fait même que si aucun discours ne vaut, c'est que tous valent, ou pour le moins que "le mien ne vaut pas moins que celui du voisin", les penseurs et philosophes non occidentaux, l'argentin Arturo Andrés Roig en particulier,

---

idéalistes rationalistes kantiens dans *Croire et Savoir* (*Creer y Saber*, Bogotá, Colombie, Norma, 1992).
[15] On voit bien là combien la théorie de Eco se ressent du berkeleyanisme.
[16] Dont Eco se réclame, cf. *Apostille au Nom de la Rose*, Paris, Le Livre de Poche, 1985, pp. 73ss.

réfléchissant sur la question ortegienne des circonstances ("*Je suis moi et mes circonstances*") en viennent à postuler comme Cassirer dans son *Anthropologie philosophique*[17] (1944) ce que Roig appelle "*la prétension à l'universalité*" comme possibilité d'échapper à ses circonstances sans perdre conscience de leur existence, le contexte (éducation, milieu, etc.) formant le jugement de l'individu. Ce n'est pas très différent non plus de la distinction de Althusser entre idéologie et idéologie scientifique.

Autres exemples significatifs de la tendance du Premier Monde à opposer l'universalité du Sens, occidental et bourgeois, discursif, et en particulier littéraire, à une

---

[17] Cassirer, *Antropología filosófica*, México, Fondo de Cultura Económica, 1997.

polysémie, non occidentale ou de masses, déconstructrice, et par là même suspecte et subversive[18], sont les ouvrages: *Les Mots et les Choses* (1966) de Foucault[19], *L'Etat culturel* (1991) de Marc Fumaroli[20], et *La Défaite de la pensée* (1987) d'Alain Finkielfraut[21].

Ainsi, pour résumer, pendant que les occidentaux proposent une conception idéaliste (malgré les déclarations de foi "marxistes" de Marcuse ou Kristeva) dans laquelle comme chez les phénoménistes antérieurs à Husserl et contrairement à l'étymologie du mot, les "*phénomènes*" ne sont pas

---

[18]On voit bien l'influence qu'ont eu les thèses élitistes de Barthes sur le développement dans le milieu français de ce genre de doctrines.

[19]Michel Foucault, *Les Mots et les Choses*, Paris, Gallimard, 1966.

[20]Marc Fumaroli, *L'Etat culturel*, Paris, De Fallois, 1991.

[21]Alain Finkielfraut, *La Défaite de la pensée*, Paris, Gallimard, 1987.

ce qui se montre à nous mais des productions mentales, les non occidentaux s'intéressent à une objectivisation possible de type cette fois-ci effectivement matérialiste et néopositiviste, clairement basée sur le principe de la "testificabilité".

Pourtant c'est le discours occidental, en partie pour son pouvoir de propagande au niveau mondial[22], qui a dominé dans la définition d'un autre problème, consécutif à celui de la validité métatextuelle, à savoir le problème métathéorique.

En effet, d'un côté l'évidence du caractère idéologique des thèses politiques occidentales dans le

---

[22] Nous renvoyons sur ce problème à l'oeuvre d'analyste politique de Noam Chomsky.

monde[23] et de l'autre l'affirmation subséquente que depuis trente ans impose le monde occidental que tout discours est idéologique, c'est-à-dire subjectif, non seulement eut pour effet de favoriser la haine latente pour les systèmes[24], mais aussi de réduire les métalangages au niveau de simples langages. Phénomène de réduction qui cependant s'explique aussi par une autre cause: l'intérêt renouvelé,

---

[23] Cf. Chomsky, par exemple *Nuestra pequeña región de por aquí: política de seguridad de los Estados Unidos*, cycle de conférences donné en mars 1986 à la UCA (Universidad CentroAmericana) de Managua, publié dans la même ville par l'éditorial Nueva Nicaragua, 1988, pp. 53ss.

[24] Comme d'ailleurs le plus simple phénomène de rejet conservatiste face aux thèses avant-gardistes des structuralistes, comme le prouvent assez la haine qu'ont inspirés respectivement par exemple Barthes à René Pommier (*Le "Sur Racine" de Roland Barthes*, Paris, CDU et SEDES, 1988, et *Roland Barthes ras le bol!*, Vincennes, Guy Roblot, 1987), Dumézil à Jean Bayet (*Herclé*, Paris, De Boccard, 1926, et *Les origines de l'Hercule romain*, Paris, De Boccard, 1926), ou plus récemment, et bien que mort depuis 1968, Panofsky à Michel Arasse (*Le Détail - Pour une histoire rapprochée de la peinture*, Paris, Flammarion, 1992).

justement par le débat sur les
métalangages, pour l'étude et la
critique, d'origine cependant
ancienne dans l'herméneutique,
des textes scientifiques, étude et
critique qui s'expliquent d'elles-
mêmes par le principe déjà
mentionné de "testificabilité", et
qu'ont particulièrement développé
les états-uniens dans les dernières
années.

C'est à ce problème qui nous
allons maintenant nous intéresser
pour essayer d'en comprendre les
données. La division entre
métaphore et métonymie que
Barthes[25] opère dans ses analyses
esthétiques[26], serait suffisante,

---

[25]Qu'il reprend, via Jakobson, de la tropologie de
Fontanier, mais en superposant, comme Jakobson, cette
distinction, purement réthorique dans le Manuel, à celle
de Saussure entre paradigme et syntagme.
[26]Notamment dans L'obvie et l'obtus - Essais critiques III,
Paris, Seuil, 1982.

rapprochée de la division althusserienne déjà notée entre idéologie et idéologie scientifique, et de ses antécédents chez Cassirer ou Russel (division entre langage-objet et métalangage), pour distinguer clairement le métalangage en tant qu'objectivisation ou superposition d'un discours sur un discours donné pour l'éclairer et le comprendre, du langage-objet en tant que substitution d'un discours par un autre, toujours dans l'ordre du subjectif. La différence s'effectuant par le principe que suivant l'épistémologie marxiste l'ont pourrait appeler de rationalisation du concret. Bien que l'on ne puisse pas tout à fait être d'accord avec cette opposition d'origine religieuse[27] chez Barthes

---

[27] Cf. *Roland Barthes et la théorie esthétique*, IIème partie.

entre le Verbe-Logos et les arts plastiques comme "*règne de la métaphore*" où "*rien n'est jamais "dénoté"*"[28], si pourtant nous la retransposons telle quelle, malgré ses limitations, et l'utilisons pour opposer langage-objet (métaphorique) et métalangage (métonymique), elle n'en reste pas moins très éclairante et à notre avis satisfaisante, si toutefois, comme nous venons de le dire on prend soin de la considérer en fonction des thèses de Cassirer, Russel, Althusser et Popper.

Ainsi ce n'est point dans une nécessité ou incomplétude réelle de la définition et opposition entre langage-objet et métalangage qu'il nous faut chercher l'origine du hiatus à propos des métalangages, mais bien dans la mythologie

---

[28] Cf. par exemple Barthes, *L'obvie et l'obtus*, p. 129.

sociale de la période contemporaine.

Dans sa célèbre étude de "*La Lettre volée*" de Poe, Lacan postule une équivalence entre le problème du sens (ou plus précisément du signifié) et celui de l'ordre (la Loi, le Phallus)[29]. Selon lui la séparation saussurienne entre signifiant et signifié n'est pas admissible car, pourrait-on dire en reprenant les idées de Medvedev (qui, comme Voloshinov, ne serait autre que Bakhtine), le sens immerge toujours la forme, ou si l'on préfère il n'y a pas de forme sans sens. Le sens est immanent à la forme[30]. La dichotomie avoué par Saussure et

[29] Ce qui recoupe nos propres investigations dans *Roland Barthes et la théorie esthétique*, IVème partie, chap. V, sur le problème du "rien" identifié à la Femme, l'absence de sens et l'art dans la théorie esthétique traditionnelle.

[30] Ou bien encore en termes de l'épistémologie marxiste selon Lénin la parole est l'enveloppe de l'idée.

Poe ne peut donc avoir qu'une origine psychanalytique[31].

On sait cependant l'absence dans l'oeuvre de Lacan d'analyses basées sur des expériences cliniques, ce qui renvoie obligatoirement pour nous ses hypothèses dans le champ d'une "ethnopsychanalyse" sémiologique. Ou, pour être plus précis, bien que se distinguant fondamentalement de la démarche de Devereux, en cela que Lacan ne prétend pas analyser de manière pertinente les substrats historiques, sociologiques, et psychologiques qui, de manière irréductible les uns

---

[31] Elle s'exprimerait d'ailleurs selon Lacan par l'image de la cheminée (féminine) d'où pend (élément phallique) la lettre volée, selon un principe très similaire donc à celui du "*logos hystéricos*" étudié par Jean-Claude Aubailly dans la littérature médiévale (*La fée et le chevalier - Essai de mythanalyse de quelques lais féeriques des XIIème et XIIIème siècles*, Paris, Honoré Champion, 1986, p. 130) et qu'il nous semble retrouver dans *Todo sobre mi madre* de Pedro Almodovar.

aux autres[32], conforment le sol sur lequel naissent les mythologies sociales, la démarche de Lacan est néanmoins identique à celle de Devereux en cela qu'elle utilise comme unique matériel[33] les productions symboliques de l'esprit[34]. C'est ainsi que nous pouvons sans crainte l'appliquer à l'étude d'oeuvres, puisque c'est cela même qu'elle se proposait. De plus, en s'interrogeant sur la validité de la séparation entre signifiant et

---

[32] Cf. Devereux, *Femme et Mythe*, Paris, Flammarion, 1982, note 11 p. 22.

[33] Ou pour le moins matériel principal dans le cas de Devereux.

[34] Voir de l'esprit subjectif personnel du psychanalyste dans le cas de Lacan, différent en cela pourtant de la technique freudienne en ce que Lacan prend ses idées personnelles - critiques - pour des faits en soi (conception positiviste, exprimée par Heidegger, du jugement subjectif vrai en soi car *provoqué par l'objet*), alors que Freud est conscient qu'en étudiant ses propres fantasmes c'est une psychanalyse personnelle qu'il tente de mener à bien, que ses idées sont *provoquées* non par une réalité externe objective, mais par la construction symbolique que son éducation, son milieu, etc., lui ont créé de la réalité objective.

signifié ("*S/s*") comme possible expression d'une mythologie masculine de la Loi et de l'Ordre, le Logos du discours, Lacan ne fait que proposer un autre angle d'approche au problème soulevé par Jung en psychologie et par Barthes[35] en sémiologie. A savoir celui de la relation entre "*Animus*" et "*Anima*" (Jung), ou entre Sens et absence de Sens, entre "*Tout*" et Rien (Barthes).

Bien que marquant les limites mêmes de la pensée de Lacan, enfermée sur soi, immanentiste, sa critique à la séparation entre signifié et signifiant est juste lorsqu'elle y note la présence d'un discours coercitif implicite (et

---

[35] Il est intéressant de noter la coïncidence, dans les deux cas en référence directe à Saussure, entre l'un des titreSade Barthes, *S/Z*, et la problématique énoncée par Lacan entre signifié et signifiant, qu'il représente comme Saussure sous la forme suivante: *S/s*.

probablement inconscient). Dans l'histoire de la pensée contemporaine il nous semble de nouveau possible de l'expliquer[36] par l'étude de la construction de la mentalité bourgeoise aux XIXème et XXème siècles.

Dans leur *Histoire de la famille* Philippe Ariès et Georges Duby remarquent que la société bourgeoise naissante au XIXème siècle caressait toujours des rêves de grandeur, fût-elle militaire, politique, artistique ou littéraire. Il n'y en pas de meilleurs exemples littéraires que les personnages de Balzac, particulièrement Rastignac, Biroteau ou Crevel. Il va de soi que, comme le rappellent Ariès et Duby, et l'exprimait déjà Vautrin dans *Le*

---

[36] Bien qu'il faudrait doubler cette explication diachronique d'une autre, synchronique, sur l'origine de la question du "Rien". Cf. *Roland Barthes et la théorie esthétique*, IVème partie, chap. V.

Père Goriot, ses rêves se trouvaient le plus souvent frustrés. Il ne fait aucun doute que cette donnée sociale est à considérer comme un élément fondamental dans la construction du mythe prométhéen, propre de cette époque et qui débouchera, dirions-nous tout naturellement, sur celui de l'artiste maudit. L'artiste devient donc au XIXème siècle[37], par son statut même autoproclamé d'"artiste maudit", le chantre des déshérités et des laissés pour compte. C'est le cas de Hugo, de Baudelaire, de Zola, de Ibsen, du cubain José Martí ou du nicaraguayen Rubén Darío. De là qu'il prétend souvent doubler son activité littéraire d'une autre, parfois parallèle, souvent concomitante, de critique sociale et politique.

---

[37] Bien qu'il le fût parfois dans les époques antérieuroi, il nous suffit de penser à Rutebeuf ou Villon, Voltaire et Rousseau.

Or c'est précisément la contamination de la première activité par la seconde qui a permis à la "postmodernité" de poser la question de la métatextualité des textes littéraires, consécutivement à la réduction du concept pourtant évident de métatexte (du grec "*méta*": "*après*", donc qui se super-pose) à celui de texte comme nous l'avons vu avec Kristeva. Ainsi par exemple Lilly Soto peut-elle s'interroger sur la métatextualité de l'oeuvre du poète nicaraguayen Carlos Martinez Rivas[38], autant en

---

[38]Lilly Soto, "*CMR: el orfebre de la palabra o el oficio de tallar la poesía*", conférence donnée le 17/3/1999 dans le cadre du VII Congreso Internacional de Literatura Centroamericana, Managua, 17-19 mars 1999. Nous mêmes avons abordé la question de la "tentation métalinguistique" de l'art contemporain à propos des illustrations de l'artiste nicaraguayen Raúl Quintanilla, fondateur du groupe ArteFacto, pour la revue éponyme dont il est aussi le directeur et le designer, dans "*Los collages de "ArteFacto" y el arte como metalenguaje en Raúl Quintanilla*", *El Nuevo Diario*, Ière partie: 21/5/1998, ar 11; Ireme partie: 23/5/1998, p. 11; IIIème partie:

ce qui concerne les prétentions critiques du poète (qui donna une série de conférences sur les beaux arts à la UNAN-Managua) qu'en ce qui concerne les références en réalité simplement intertextuelles de l'écrivain dans son oeuvre lorsqu'il donne par exemple un jugement critique sur d'autres auteurs et artistes. Parallèlement

---

27/5/1998, p. C-12; IVème partie: 30/5/1998, p. 10; Vème partie: 2/6/1998, p. 11; VIème et dernière partie: 5/6/1998, p. 10. De plus, il faut noter que d'une certaine façon aussi la métathéorie n'est qu'une forme d'intertextualité métalinguistique, car sinon comment appeler les efforts des scientifiques depuis des siècles pour améliorer et préciser les travaux de leurs prédécesseurs? Théorie de la métathéorie, ou bien méthathéorie de la métathéorie? On le voit en cela aussi, la métathéorie, si le concept en est pratique, et en bonne mesure intéressant et juste, est une valeur surajoutée arbitrairement sans tenir compte du caractère foncier de palimpseste de tout discours, qu'il s'agisse de langage-objet ou de métalangage. C'est surtout une valeur significativement apparue au momenifoù, encore une fois, à la fin du XXème siècle, les métalangages non occidentaux viennent à leur tour se superposer, et plus, critiquer, les métalangages occidentaux. Elle fait donc foi d'un malaise, de cette réaction postmoderne face aux "discours contraires", pour reprendre le mot de Roig. Cf. aussi de ce point de vue notes 42ss. et texte correspondant *infra*.

dans une thèse[39], significativement dirigée par Damisch et présentée à l'EHESS, Stefania Caliandro au bout d'un fallacieux raisonnement qui visiblement méconnaît les origines mêmes de l'analyse iconographique, à savoir les catalogues d'oeuvres de la fin du XIXème siècle et du début du XXème siècle comme ceux de Salomon Reinach par exemple, en arrive en s'appuyant précisément sur ce caractère comparatiste de l'oeuvre de Warburg à y voir non pas une oeuvre scientifique, métalinguistique (métonymique si l'on force un peu la terminologie barthésienne), mais métavisuelle (métaphorique donc). On ne peut

---

[39] Dont un extrait fut lu au Colloque *L'immagine nel linguaggio e nei non-linguaggi* d'Urbino de 1997 sous le titre (curieux, en ce qu'il met en question, comme le confirme le texte, l'usage d'images par les historiens d'art, c'est-à-dire du matériel même d'étude) "*De l'usage d'images par la critique d'art*". C'est de cette intervention, maintenant présentée sur Internet, que proviennent les citations de Caliandro.

passer sur la curieuse opposition entre Warburg et Panofsky, et sur la toute aussi étrange compréhension qu'a Caliandro[40] de la méthode iconologique comme "*séduisant art de la forme*", non "*abstraction du premier moyen linguistique (la métasémiotique)*" mais "*divers registre du discours*".

---

[40] Conception dans laquelle Panofsky n'est pas plus épargné que Warburg, puisque selon Caliandro là où Warburg n'entre pas encore dans l'ordre du discours, Panofsky le pénétrerait tant qu'il en sortirait: "*la tentative de Panofsky pour réencontrer la relation entre l'image et le sens l'amène à fermer le cercle herméneutique en direction d'une constante reconversion du visuel au verbal*". En résumé, pendant que Warburg, en rapprochant des images entre elles, ne sort pas d'un discours visuel, Panofsky en voulant trouver aux images un sens autre que visuel s'égare dans de la sur-interprétation. On voit là l'influence des idées développées par Arasse, contre Panofsky sur Caliandro. Nous ne nous expliquons cependant pas comment ni pourquoi Caliandro tente, par ailleurs vainement, de démontrer qu'il y a rupture entre Warburg et Panofsky quand ce dernier est au contraire le principal représentant de la méthode warburgienne. Serait-ce simplement, comme le dit Devereux, p. 11, parce que "*de nombreux critiques projettent dans les livres dont ils rendent compte ce qu'ils souhaitent y trouver, pour pouvoir affirmer leur supériorité sur l'auteur*"?

Il n'est pas inutile ici de rappeler que Michael Podro dans son livre classique sur *Les Historiens d'Art*[41] définit l'activité de ceux-ci comme historique (ou archéologique) et critique, insistant ainsi sur son rôle de nomenclature, d'ordonnancement. Comme le dit Russel le langage-objet "*montre*", alors que le métalangage "*dit*". Caliandro, lorsqu'elle voit dans les textes de Warburg une forme "métavisuelle" lui attribue donc des qualités propres des formes symboliques primaires: celle de montrer, en lui niant celle métadiscursive d'étude, de description et d'analyse, "*dénot(ative)*" selon Barthes[42].

---

[41] Michael Podro, *Les Historiens d'Art*, Brionne, Gérard Montfort, 1990, p. 9.

[42] *L'obvie et l'obtus*, p. 129. De fait le métalangage, par son activité descriptive même, vise à établir une terminologie "*dont les termes sont ceux de la langue objet d'analyse, mais qui ont une seule acception*", *Dictionnaire de linguistique*, Paris, Larousse, 1991, p.

Nous avons donc affaire, comme nous l'avons dit, à un double processus dans lequel la réduction des métalangages à des formes primaires de langage dans la théorie postmoderne, qui par là même ne reconnaît pas ou oublie l'essentielle "*prétension à l'universalité*" (Roig) comn forme de testificabilité ou d'objectivisation que représente leur élaboration, a pour conséquence l'identification arbitraire entre langages et

---

317. Il va de soi cependant que, si bien cette conception barthésienne de la dénotation comme "*relation dénotative* (qui) *se donne toujours entre un signifiant et un signifié de premier (ou zéro) degré*" (Umberto Eco, "*Significado y denotación de Boecio a Ockham*", trad. à l'espagnol et rééd. dans l'appareil critique à la *Suma de Lógica* de Ockham, Bogotá, Norma, 1994, p. 10) développe les idées de Hjelmslev et s'appuie sur la définition plus précise de Pierce de la dénotation comme "*référence directe d'un symbole à un objet*" (cité par Eco, *ibid.*, p. 12), elle s'éloigne notablement de la définition linguistique habituelle de la relation entre dénotation et connotation, laquelle s'élabore dans le domaine des langues naturelles et non dans celle des langues artificielles comme le sont les métalangages (Eco, *ibid.*, pp. 9-53).

métalangages, et partant entre métathéorie et métalangage (le métalangage considéré comme une langue naturelle ou directe obligeant ainsi l'exégète à voir dans la métathéorie non pas "une théorie de la théorie", sinon une théorie de la langue, ce qu'est au fait devenu le métalangage).

C'est ainsi que des théoriciens comme Eco ou l'esthéticien et romancier nicaraguayen Ricardo Pasos Marciacq, lorsqu'ils ajoutent à leur activité savante celle d'écrivain en arrivent à affirmer la validité scientifique de leur activité littéraire[43]. Le fait qu'ils écrivent des romans historiques nous porte à voir en cela la ratification du fait que le discours postmoderne en découvrant le caractère circonstanciel, c'est-à-dire

---

[43]Cf. Eco, *Apostille au Nom de la Rose*, pp. 83-90.

idéologique, du discours historique[44], suite précisément à sa critique par les anciens colonisés[45], et en l'identifiant à un simple récit, en étant mal compris a pu laisser croire que non seulement le discours historique s'était formé comme un simple récit, sinon aussi que sa substance était d'être un récit. Or la préoccupation des intellectuels eux-mêmes pour stigmatiser cette formation du discours historique comme récit

---

[44] Outre les travaux des auteurs classiques comme Foucault ou Lyotard (cf. par ex. de Lyotard *Dispositivos pulsionales*, Madrid, Fundamentos, 1981, pp. 169ss.), on citera dans la bibliographie récente de Roig "*La Filosofía Latinoamericana, la Filosofía de la Historia y los relatos*", discours de réception du Doctorat Honoris Causa de la UNAN-Managua, 1994, publié la même année par l'Université; ou encore de Raymond Bellour, *Mademoiselle Guillotine*, Paris, La Différence, 1989.

[45] Pensons au fameux, bien que tardif, livre de Maalouf sur *Les croisades vues par les arabes*. Antérieures sont les travaux (sans ordre) de Zea, Césaire, Fanon, Memmi, Diop, Senghor, Makouta-Mboukou, Nkrumah, Hountondji, etc. En littérature on peut citer le marquant ouvrage de Mongo Beti, *Les deux mères de Guillaume Ismaël Dzewatama futur camionneur*, Paris, Buchet/Chastel, 1983.

invite tout au contraire à y voir la volonté de scientifiser la discipline. C'est ainsi par exemple que les philosophes argentins du mouvement phénoménologique contemporain ont senti la nécessité de quitter le champ de l'engagement socio-politique, propre de la philosophie post-comtienne latino-américaine du XIXème siècle, pour s'orienter vers l'étude anthropologique husserlienne d'une "*philosophie sans présupposés*"[46].

Cette prétention critique des écrivains, favorisée certes donc par la théorie postmoderne, n'en prend pas moins ses racines, si on veut la

---

[46]Cf. Clara AliciasJalif de Bertranou, "*El movimiento fenomenológico argentino*", pp. 149-156 des *Cuadernos americanos*, México, No 34, juillet-août 1992, p. 153. Ce qui, contrairement à ce que postule l'auteur, n'implique nullement une décontextualisation dans le travail de ces auteurs, bien au contraire, comme le prouvent au contraire les ouvrages déjà cités de Roig.

comprendre complètement, dans le besoin de la bourgeoisie du XIXème siècle d'auto-justifier un statut récemment acquis et pourtant toujours très précaire de possible réussite sociale, une fois que lus nobles ne pouvaient plus se réserver les carrières diplomatiques, politiques, militaires et administratives[47]. Et c'est dans l'art que va se profiler une réflexion spéculaire[48] d'abord sur l'art lui-même puis sur la société, en partie en réponse évidemment aux innovations du moment[49], mais plus

---

[47] Nombreuses sont les descriptions chez Balzac, Dostoïevsky, Gogol, Tolstoï, Kafka, Courteline, Beckett, de ces employés d'administration, anti-héros sans envergure, aux carrières sans avenir et aux rêves médiocres, chevaliers aux miroirs du mirage wéberien.

[48] Cf. Rosalind E. Krauss, *La originalidad de la Vanguardia y otros mitos modernos*, Madrid, Alianza, 1996, pp. 22-37.

[49] La photographie remplaçant par exemple la peinture dans l'art du portrait, et lui enlevant par la même ses commandes. Plus généralement l'Etat devenant petit à petit le seul mécène possible, le statut d'écrivain ou d'artiste aux XIXème et XXème siècles s'est révélé sans

généralement à cause de la situation socio-économique préexistante.

Par conséquent le sens en soi[50], qu'il s'agisse de l'intentionnalité vantée par Schapiro ou d'une peur de dire les horreurs du génocide dans la littérature occidentale postérieure à la Seconde Guerre Mondiale[51], en est arrivé à occuper

---

doute, mais un peu tard, une voie plus risquée qu'auparavant, en même temps qu'il devenait inutile de tenter de plaire à qui que se fût. Les artistes libérés pour une part, mais abandonnés d'un autre côté à leur funeste sort financier (qui ne s'est jamais appitoyer sur les sinistres livres et feuilles de comptes, sur les horribles lettres d'emprunts d'un Lamartine, d'un Balzac, d'un Baudelaire, d'un Rimbaud, ou d'un Van Gogh, et aujourd'hui d'un Carlos Martinez Rivas?), n'avaient donc plus de raison suffisante pour freiner leur vindicte et leur soif de revanche.

[50] La forme suprématiste, qui révèle chez les premiers artistes abstraits russes une contradiction évidente avec les préoccupations révolutionnaires, ce qui fut peut-être une cause déterminante, comme le propose Devade dans ses écrits, avec la bêtise des dirigeants communistes de l'époque, de la mort de l'avant-guarde soviétique et le point de départ du formalisme propagandiste.

[51] Thèse bien connue, mais qui récupère tout son sens

les artistes. Cette opposition entre la réalité et la raison, qui paradoxalement nous renvoie, comme la problématique de l'abstraction, aux thèses cartésiennes et phénoménistes, ou pour le moins berkeleyennes, de la préséance de l'esprit sur la matière[52], acquiert une irrévocable force dans les oeuvres de Rivas et Azorin, si on les met en relation avec la théorie lacanienne, "psycho-linguistique", du sens.

Rivas, qui a commencé son oeuvre abstraite par des tableaux constructivistes, où visages et

---

quand on la compare avec les doutes exprimés par Roig dans le dernier article de *Rostro y filosofía de América Latina*, où il se demande, en faisant référence aux bouleversements politiques argentins, s'il est encore possible ou nécessaire de philosopher après avoir vu mourir tant de gens, d'amis et de collègues.

[52]Peut-être justement pour la raison historique invoquée par Devade, l'abstraction russe étant directement, avec l'oeuvre de Kandinsky et Malevitch, à l'origine de l'art abstrait occidental.

plans d'architecture se mêlent, conserve cette thématique dans la période commencées avec la série dite par lui "laboratoire de l'artiste" dans laquelle comme des formules sur un tableau noir (élément révélateur d'une volonté démonstrative qu'on trouve déjà dans les écritures blanches sur fond noir de l'artiste suisse Ben) on voit apparaître sur le fond gris ardoise de la toile des théorèmes, dans lesquels certains éléments récurrents finissent par former le code linguistique de ce que l'histoire de l'art s'intéressant à l'art conceptuel nommera une "mythologie personnelle", c'est-à-dire des symboles non conventionnels. Pourtant entre tous ces symboles nous noterons la présence de symboles conventionnels des circuits électriques dans les plans d'architectes. Dans un second moment de cette période, après la série du "laboratoire de l'artiste", et entrant dans une autre, qui en réalité n'est pas tout à fait une série mais plutôt des toiles avec la même orientation, second moment que Rivas décrit comme celui des "théorèmes", l'artiste décida de superposer ces "théorèmes" sur un fond constructiviste du type rencontré dans la période antérieure. Le problème du contexte est donc évident dans l'oeuvre de Rivas, et ce problème se manifeste bien, comme le dit Lacan à propos de Poe, par une dichotomie entre le réel et le fictif, entre le sens, ou *La Raison* comme le nomme Rivas, et le réel, le vide des activités quotidiennes, fortement critiquées par Rivas, qui ne connaît pas cependant les thèses barthésiennes à ce sujet sur l'absence de sens fort dans les relations interpersonnelles (non littéraires)[53]. Dans ce cadre l'utilisation de symboles électriques non seulement révèle l'importance du contexte (l'environnement) sur l'individu pour Rivas, mais aussi représente l'anxieuse quête d'illumination de l'artiste dans son travail. Les théorèmes se présentent en général comme de grands quadrilatères qui délimitent

---

[53] Ne nous y trompons pas cependant, l'art contemporain, et c'est l'un de nos présupposés dans cette étude, en affirmant son objectif raisonnable, mais sans toutefois proposer un mode d'approche scientifiquement pertinent dans l'établissement de sa politique de raisonnement - reconnaissons quand même que ce n'est pas une condition *sine qua non* pour l'art, qui est un langage-objet, mais si pose une véritable problème lorsque les scientifiques reprennent abusivement, sans y regarder de plus près, les doctrines artistiques du sentiment -, se définit comme immanentiste, et sa conception de "La Raison" (en tant que "*nihil negativum*", on le voit, cf. aussi notes 10 et 75 et texte correspondant *infra*) comme expression d'une réalité transcendantale non appréhendable par l'homme, mais à laquelle il doit se plier. De là le caractère idéaliste (au sens marxiste du terme) des théories scientifiques qui reproduisent tels quels les idées esthétisantes des artistes et de leur public.

l'espace de la toile, rappelant les fils barbelés, récurrents dans la période figurative, régionaliste, assez antérieure, dans l'oeuvre du peintre, et dont celui-ci dit qu'ils révèlent sa peur, consécutive à la guerre, de l'agression externe. Ainsi comme dans "*La lettre volée*" ou chez Barthes, la relation dedans-dehors rejoint la préoccupation inconsciente de l'artiste pour l'affirmation de l'idée (individuelle, immanente) sur la réalité (fausse, collective, extérieure). Dans une des premières oeuvres de la série des théorèmes, *Adam et Eve*, la version définitive sépare l'oeuvre en deux partie, l'une bleue l'autre rose. Le symbolisme est évident. Ce qui nous intéresse ici, c'est la division comme élément de sexualisation, d'ordonnancement des deux parcours, l'un, celui d'Eve rempli de symboles négatifs (noirs), l'autre, celui d'Adam, positifs (blancs). Récemment, Rivas a commencé une série de petites sculptures dans lesquels il reprend de nouveau le principe d'imbrication des parties, propre du constructivisme[54]. Dans la première, intitulée *Soldat blessé*, un carré plein est transpercé au niveau de ce qui pourrait être l'épaule par un élément qui rappelle une épée. Dans la seconde, d'abord intitulée *Maternité* puis *Fenêtres*, un carré vide est traversé par un rectangle vide (qui originellement représentait l'enfant), à son tour traversé par une sorte de pointe. Le Sens, capable de diviser et séparer, mais aussi de relier, prend donc bien dans les sculptures de Rivas la forme phallique d'un objet qui transperce. (On y retrouve

---

[54] Avec une certaine utilisation "indigéniste" des couleurs, en référence au constructivisme pro-américaniste de Torres García.

d'ailleurs, outre une évidente similitude avec les sculptures de Victor Roman[55], l'écho des toiles de symbolisme nettement sexuel de Salvador Dalí[56]). La "*Maternité-Fenêtres*", le second titre ayant été suggéré à Rivas par une réflexion de son fils en bas âge (élément révélateur de la relation entre la production symbolique et son caractère phallique normatif), la deuxième identification de l'oeuvre comme une ouverture, non plus comme un cadre projectif mais plutôt de séparation, nous renvoie à l'image, récurrente dans l'art

---

[55] *Victor Roman*, Paris, Adam Biro, 1996.

[56] Cf. par ex. Robert Descharnes et Gilles Néret, *Salvador Dalí*, Cologne, Taschen, 1989, pp. 31-59. Il est, croyons-nous, pertinent de noter (en bonne partie à cause des graves problèmes bibliographiques dont souffre le Nicaragua, problèmes auxquels cherchent systématiquement à pallier les artistes, en se créant des bibliothèques particulières, toujours excellemment fournies) que la version espagnole de l'ouvrage fut offerte à Rivas peu avant qu'il se mette à la réalisation de ses sculptures miniatures.

contemporain, des réticules comme expression d'une réflexion de l'art sur lui-même[57].

Faisant à présent un retour dans le temps, nous trouvons dans le recueil de nouvelle *Blanco en Azul* de Azorin la confirmation de cette volonté réflexive et critique de l'art contemporain sur lui-même et sur la société. L'épigraphe à Miró[58] nous renvoie dès l'abord à une réflexion de l'art sur l'art, que revendique aussi l'insistance de Azorin à faire de l'artiste l'admirateur des nuées, c'est-à-dire l'interprète du divin[59].

Le titre *Blanco en Azul* est une

---

[57]Cf. Krauss.

[58]Azorin, *Blanco en Azul y otros cuentos*, Managua, Nueva Nicaragua, 1986, p. 65. On notera que le titre *Blanco en Azul* est une référence au recueil Azul de Darío, oeuvre fondatrice du modernisme hispanophone.

[59]Voir la symbolique du bleu dans la littérature du XIXème siècle.

référence évidente, Azorin étant
l'un des principaux représentants
de la génération du 98, à *Azul...*,
l'oeuvre fondatrice du modernisme
hispanophone du nicaraguayen
Rubén Darío, et par conséquent,
comme cela est évident à la lecture
du recueil de nouvelles de Azorin
(*Azul...* de Darío étant aussi un
recueil de nouvelles) au
symbolisme moderniste et fin de
siècle du bleu comme image du
divin[60]. Il est évident aussi que
Blanco en Azul reprend une
problématique du bleu du ciel
national[61] espagnol et aussi, de
façon plus particulière à la
problématique littéraire, de

---

[60] Barbe, "*La perspectiva política en Azul...*", *El Nuevo Diario*, Ière partie: 10/3/1998, p. 11; IIème partie: 12/3/1998, p. 11; IIIème partie: 13/3/1998, p. 11; IVème partie: 14/3/1998, p. 11; Vème partie: 16/3/1998, p. 11; VIème partie: 17/3/1998, p. 11; VIIème et dernière partie: 20/3/1998, p. 11.

[61] Problématique nationaliste qu'on rencontre déjà dans *Azul...*, cf. *ibid.*

l'inspiration divine du poète, tragique et cependant propice à l'élévation spirituelle, déjà présente dans *Bohemia* (1897). Les héros des nouvelles de *Blanco en Azul*, comme avant de *Bohemia*, sont souvent des poètes, ou pour le moins des écrivains.

Nous ne nous intéresserons pas à une analyse détaillée de *Blanco en Azul*, seulement à sa structure. Pour cela il nous suffira de brièvement constater la problématique propre à chaque nouvelle de l'ouvrage, renvoyant le lecteur à l'oeuvre elle-même pour plus de précisions. Nous étudierons ainsi le livre dans sa suite logique. "*Fabia Linde*", première nouvelle, évoque la mort. La nouvelle quatre évoque de manière parallèle la fausseté du monde. Les nouvelles deux à sept la dichotomie entre l'artiste et le monde (c'est-à-dire la réalité). Les nouvelles cinq et six, plus précisément le pouvoir de l'esprit. Les nouvelles huit à onze décrivent l'enfermement de l'art sur soi-même. Les nouvelles huit à dix la supération de la réalité par l'artiste qui crée son propre univers. Les nouvelles onze et treize évoquent la colonne, symbole christique. Dans la nouvelle douze le monde emplie l'âme, rêveuse, de l'artiste. Les nouvelles treize et quatorze opposent la foi et l'art au scepticisme. La nouvelle quinze identifie la réalité du monde à celle de l'oeuvre. La nouvelle seize oppose la réalité sociale du pauvre et du riche. La nouvelle dix-sept, en opposant dès l'épigraphe la réalité à la poésie, fait du poète un dieu, en suivant le processus commencé dans les nouvelles onze et treize en particulier (leur emplacement dans le recueil étant significatif, puisqu'elles "entourent" la douzième nouvelle - nombre ô combien symbolique -, dans laquelle se réalise la symbiose entre le monde et le poète, entre le corps et l'âme). Thématique centrale du recueil, les deux dernières nouvelles, dix-huit et dix-neuf, concluent sur la question de la transcendance. La dix-huit sur l'identification entre la mort et le poète, qu'elle oppose à la vie, dans une perspective de l'ascèse créatrice comme vraie vie. La dix-neuvième et dernière nouvelle, significativement intitulée "*Las sirenas*", identifie enfin la poésie à l'art de la prédiction, concluant ainsi le recueil sur la problématique avec laquelle il avait commencé, dans les nouvelles quatre à six. *Blanco en Azul*, comme l'oeuvre de Rivas, nous pose donc en face de l'énigme de la (pro-)création, et plus précisément ici de l'ascèse artistique comme révélatrice et rédemptrice du monde en une perspective intellectualiste de l'érotisme proche de celle qu'en a pu donner postérieurement le français Georges Bataille[62].

La morale que nous tirons du recueil est enfermée dans le prologue, qui se préoccupe de la possibilité supranaturelle du poète d'appréhender la création, ce qui trouve effectivement écho dans tout le recueil[63]. Il est on ne peut plus intéressant de constater que la volupté morbide du poète, vantée par Azorin dans *Blanco en Azul*, car selon lui elle permet à l'artiste d'atteindre au divin, est identique à celle qu'éprouve le héros d'une

---

[62] Georges Bataille, *L'érotisme*, Paris, 10/18, 1957.
[63] Azorin, pp. 67, 96 et 159.

nouvelle de *Cavilar y Contar*
(1942), intitulée "*El tesoro
deshecho*"[64] ("*Le trésor défait*")[65],
en face de la femme morte, thème
classique du romantisme du
XIXème siècle. Ainsi, comme chez
Poe[66], la morbidité esthétique
passe par ce que Lacan, dans son
étude de "*La lettre volée*", définit
comme la relation dialectique entre
le masculin et le féminin[67].

---

[64] *Ibid.*, p. 365.

[65] Et dont le titre s'inscrit en rapport dialectique avec une autre nouvelle du même recueil, "*Tesoro en Valladolid*", où là aussi c'est la femme (la Muse?) le trésor véritable de l'homme, *ibid.*, pp. 216ss. De fait aussi bien dans "*Tesoro en Valladolid*" qui dans le recueil la précède, intitulée "*La tristeza humana*", ce n'est pas l'argent qui est au bout du compte le véritable trésor, mais, dans le cas de "*Tesoro en Valladolid*" la femme, et dans celui de "*La tristeza humana*" l'inspiration poétique en tant que "*plaisir esthétique*", *ibid.*, p. 214.

[66] Cf. l'important appareil critique de l'édition des *Contes - Essais - Poèmes* de Poe dans la coll. "*Bouquins*", Paris, Robert Laffont, 1989.

[67] La problématique de "*El tesoro deshecho*" se rapproche aussi dans l'extrait auquel nous faisons référence de celle du fameux *Ars moriendi* médiéval, puisque c'est dans un lit étranger que le vieillard, héros du récit, prend soudain conscience de la futilité des biens terrestres qui

On voit bien que l'oeuvre de
Azorin exprime, bien que
tardivement, le processus, au
niveau de la psyché d'un artiste
individuel, basé dans le contexte de
l'Espagne fin de siècle, la
préoccupation fondamentale de l'art
contemporain pour lui-même, ce
que nous avons appelé sa qualité
"spéculaire". Or nous avons dit
qu'au XIXème siècle la bourgeoisie
doit affronter ses propres
fantasmes de grandeur. On sait
d'autre part que le caractère moral
de l'art narratif est un problème qui
a toujours retenu l'attention, depuis
au moins Aristote et sa *Poétique*,
problème qui prend toute sa
vigueur à l'époque baroque, en tant
que volonté de rationalisation de la
réalité et des mythologies[68]. Le rôle

---

jusqu'alors avaient comblé sa vie, d'où le titre.
[68] Cf. par ex. Gilbert Lascault, *Le monstre dans l'art occidental*, Paris, Klincksieck, 1973, pp. 45ss.

de l'artiste, et en particulier de l'écrivain, devient alors celui que se proposent des auteurs comme Zola dans *Le roman expérimental* (1880), et avant lui Diderot dans *Jacques le Fataliste et son maître* (1792-1796) ou Balzac avec *La comédie humaine*. C'est un propos anthropologique (pour les progrès de l'ethnographie et les découvertes marchandes d'autres continents[69]), qui relève d'un engagement social (tentative de penser le Moi à partir de l'Autre[70], le statut déficient de la classe bourgeoise, puis de l'artiste dans la société à partir d'une réflexion sur

---

[69] On pensera, par exemple, à l'évocation de l'Amérique comme pays possible de la mystérieuse contamination dont croit souffrir le héros du *Horla* de Maupassant, ou, comme l'a déjà noté la critique, aux cris, à consonance étrangère pour les différents témoins, du singe tueur de *Double assassinat dans la rue Morgue* de Poe.

[70] *L'Homme et l'Autre*, actes du colloque organisé par le Centre de Recherches Germaniques et Scandinaves de l'Université de Nancy II, réunis par J.-M. Paul, Nancy, Presses Universitaires, 1991.

le peuple, l'ici à partir de l'étude comparative des peuples[71]).

C'est aussi, parallèlement, la perpétuation et la libéralisation du discours esthétique, qui passe des mains d'un milieu aristocratique au milieu bourgeois, mais toujours selon les mêmes normes, à savoir un langage esthétique propre à démontrer les aptitudes oratrices de l'exposant plus qu'une réelle compréhension du message iconographique[72]. D'où l'importance accordée dans ce sens au sentiment dans l'interprétation de l'art, importance qu'on retrouve justement dans *Blanco en Azul*. Il ne fait aucun doute que ce verbiage esthétisant des classes aisées, dont au XIXème siècle les écrivains

---

[71] Cf. par ex. *Voyages au pays de nulle part*, Paris, Robert Laffont, 1995.

[72] Michael Baxandall, *L'OEil du Quattrocento*, Paris, Gallimard, 1972, pp. 47ss.

et artistes se sont fait l'écho, de Géricault ou Delacroix à Barbey d'Aurevilly[73] ou Zola, fut favorisé historiquement par l'adéquation de l'iconographie moderne à un symbolisme souvent créé pour satisfaire les mécènes selon des normes de représentations fixées à l'avance[74], et pour cela compréhensibles par l'élite qui en avait les clés. L'art contemporain en devant couper avec ses mécènes, malgré lui (la photographie prenant le gros des commandes, en particulier des aristocrates et de la haute bourgeoisie), a aussi coupé avec ce symbolisme admis, pour se retrancher dans des mythologies

---

[73] Voir son imposante production critique, que représentent *Les OEuvres et les Hommes*, publiées en 26 vol. par Honoré Champion (Paris, 1968).

[74] Cf. notamment les travaux des membres de l'Ecole de Warburg; par ex. Rudolf Wittkower, *La Migration des symboles*, Paris, Thames & Hudson, 1992, pp. 59ss.; et Dora et Erwin Panofsky, *Etude iconographique de la galerie François Ier à Fontainebleau*, Brionne, Gérard Montfort, 1992.

personnelles.

Parallèlement, l'herméneutique médiévale se développant, comme nous l'avons dit, peu à peu vers une laïcisation et une scientifisation de son analyse, dans son processus de réalisation, laissa place à d'importants ouvrages d'iconographie et de mythologie antiques (les recueils d'emblèmes) qui, interprétés au premier degré (parfois même par leurs auteurs), furent cause d'une double confusion: d'abord entre l'objet et l'objet représenté (confusion entre le phénomène et son expression, favorisée par la confusion scolastique autour du débat de la dénotation); ensuite, et en quelque sorte par conséquent, entre l'interprétation symbolique de l'objet, qui reconnaît sa réalité conceptuelle, et la réalité "simple" de l'objet (problème du "*nihil negativum*" kantien[75]). On le voit parfaitement dans la théosophie, inspirée des importants ouvrages de mythologie comparée du XIXème siècle et du tout début du XXème siècle (Dupuis, Dulaure, Frazer, Müller, Otto, etc.), et le mouvement littéraire qu'elle provoqua, qui, étrange retour en arrière, voyait dans les figures mythologiques analysées par les mythologues la preuve de la réalité de la religion, les figures solaires antiques ne pouvant définitivement selon ses adeptes qu'être des préfigurations christologiques. Ainsi, on notera avec intérêt la résurgence dans l'oeuvre de Gaston Leroux (avouée par l'intérêt de l'auteur pour faire des oeuvres à l'image des tragédies grecques) des figures d'Osiris (le mort

---

[75]Cf. Mayz Vallenilla, cap. IV, pp. 199-268.

revenant dans sa barque et appelant dans la nuit son épouse folle de chagrin dans *Le coeur cambriolé*) et de Prométhée-Epiméthée (le robot qui préfère la mort à un amour impossible et une vie sans âme dans *La machine à assassiner*).

Nous proposons donc de considérer le débat sur le métalangage comme l'expression politique d'intérêt propres à la "postmodernité" "occidentale", à savoir maintenir un pouvoir intellectuel[76] sur les anciens pays colonisés. Idéologie qui, réinterprétée par les non scientifiques (les écrivains et artistes en particulier, comme principaux divulgateurs des mythologies de leur époque) subit

---

[76] Cf. la très pertinente analyse qu'en fait Beti dans son roman.

ce que subissent toutes les mythologies: on sait que les mots et les expressions ont tendance à naître dans le peuple pour être après acceptés par les classes supérieures de la société; au contraire, il nous semble, et les analyses jungiennes de la mentalité collective le prouvent, tout aussi bien que les études de mythologie comparée, que les symboles naissent dans les couches supérieures de la population, sans doute comme manière sectaire de crypter un discours ésotérique (au sens aristotélicien du terme) - on connaît fort bien le cas des langages scientifiques justement -, pour ensuite, sous une forme adultérée, réapparaître dans les couches basses de la population, du fait même qu'en tant qu'idéologies (scientifisées ou non) elles visent à être à un moment ou un autre divulguées. Ainsi donc, le cas du problème postmoderne à propos des métalangages, qui en niant la validité de tout discours afin de réhabiliter le discours occidental officiel, n'échappe pas à la règle. D'autant qu'il naquit plus entre les sphères des critiques que des scientifiques proprement dit. C'est ainsi que, favorisée par deux siècles d'interrogations esthétiques dues à la fois au changement radical de statut de l'artiste dans la société (puisqu'il perdit ses mécènes) et à son identification nouvelle avec les déclassés auxquels la nouvelle société ne pouvait que l'identifier (voir les destins tragiques de Lamartine, Balzac, Van Gogh ou Artaud), la croyance (fausse) en l'identité entre l'histoire comme récit (roman ou histoire apologétique à la Commynes) et l'histoire comme science en voie de réalisation trouva un regain de forces.

Décevante sans doute en ce qu'elle ne va pas dans le sens du discours communément admis, notre interprétation[77] permet cependant de comprendre le double mouvement de la science sérieuse ("*Mon explication s'adresse à ceux qui veulent comprendre - les autres sont de toutes façons irrécupérables*" écrivait Devereux[78]) dans ses essais d'objectivation par voie de "testificabilité", et la réponse que Barthes qualifiait de réactionnaire à ces tentatives, dont l'idéologie réelle se cache derrière une assez

---

[77]Qui a, par ailleurs, l'avantage d'expliquer la multiplication, après l'oeuvre de Borges, de romans en labyrinthes dont le point de départ est l'analyse de livres (Eco, Ian Pears, Arturo Pérez-Reverte), comme expression d'une réflexion spéculaire de l'art contemporain sur lui-même.
[78]Devereux, p. 11.

simple rhétorique qui consiste à accuser d'idéologie les idéologies scientifiques, et à reconnaître des idéologies scientifiques dans les idéologies pures que cette réponse (que dans un texte des *Mythologies* Barthes appelle "*La critique Ni-Ni*") défend. C'est aussi le principe, là encore démasqué par Barthes, du "*Racine est Racine*", l'objet ne renvoyant à rien d'autre qu'à ce qu'il est, selon un principe d'ontologie immanente, c'est-à-dire qui nie premièrement l'existence matérielle comme principe de l'essence (indéfinissable, selon cette théorie, puisque antérieur et supérieur à la compréhension humaine); deuxièmement, par conséquent, la pertinence de l'analyse, puisque rien n'est analyse, rien n'étant décomposable (thèse dont Lénine a montré l'innocuité dans l'état actuel des sciences où l'homme peut reproduire, et donc décomposer et influer sur, les phénomènes naturels); troisièmement, le caractère symbolique des objets réels dans la psyché, puisque celle-ci, pire que les objets naturels, n'aurait qu'essence, sans relation aucune avec l'existence (Berkeley). Par conséquent, les analyses (symboliques) des productions symboliques ne pourraient jamais être que des complexifications, non des éclaircissements, des créations à partir d'autres créations.

Certes le problème du métalangage nous permet donc de comprendre les mythologies de notre époque, mais pas celles que l'on croit couramment.